La Tabla Esmeralda

colección
TABLA
ESMERALDA

La Colección Tabla Esmeralda es mucho más que una serie de libros: es una invitación a descubrir tu poder interior y a explorar los secretos más ocultos del universo. A través de una selección exquisita de obras emblemáticas en los campos del esoterismo, la autoayuda y el pensamiento espiritual, esta colección está pensada para aquellos que buscan expandir su conciencia y comprender los misterios que han fascinado a la humanidad desde tiempos ancestrales.

Cada libro te guiará en un viaje profundo hacia el conocimiento místico y el desarrollo personal, ayudándote a desentrañar los enigmas que rodean la existencia humana y a conectar con el poder transformador de la mente y el alma. Si sientes el llamado de lo desconocido, si anhelas descubrir verdades ocultas y elevar tu ser a nuevas dimensiones, la Colección Tabla Esmeralda es el compañero perfecto en tu búsqueda espiritual.

HERMES TRISMEGISTO

LA TABLA ESMERALDA

ALCARAZ
EDICIONES

© Alcaraz Ediciones, 2024

© Traducción e Introducción: Maritza Izquierdo, 2024

Tr.ª Sierra de Gata, 5
La Poveda (Arganda del Rey)
28500 - Madrid
Teléf.: (+34) 910 46 54 33
e-mail: info@alcarazediciones.es
https://alcarazediciones.es

I.S.B.N.: 979-13-87586-00-3

Diseño y maquetación: Iván García Molinero
Printed in Spain / Impreso en España

ÍNDICE

HISTORIA DE LA TABLA ESMERALDA: UN VIAJE A TRAVÉS DEL TIEMPO Y EL CONOCIMIENTO ALQUÍMICO

INTRODUCCIÓN

La Tabla Esmeralda (*Tabula Smaragdina*) es una obra central en la tradición alquímica y esotérica, atribuida a la mítica figura de Hermes Trismegisto. Este texto, que condensa en unos pocos versos los principios fundamentales del arte alquímico, ha sido objeto de reverencia y estudio durante siglos, influyendo en la filosofía, la ciencia y el misticismo occidental. La Tabla es vista por muchos no solo como un tratado sobre la transmutación de los metales, sino también como un mapa para la transformación espiritual y el autoconocimiento.

El impacto de la Tabla Esmeralda en la cultura occidental es amplio. A lo largo de la historia, ha sido interpretada y reinterpretada por filósofos, alquimistas, magos y místicos. Desde la Edad Media hasta el Renacimiento, pasando por la era moderna, la Tabla ha servido como una fuente de inspiración para aquellos que buscan entender los misterios de la naturaleza y del espíritu. Su influencia se extiende a través de una amplia gama de disciplinas, desde la alquimia y la astrología hasta la psicología y la filosofía hermética.

Capítulo 1: Primeras apariciones de la tabla esmeralda

1.1 El Secretum Secretorum y sus Traducciones

La *Tabla Esmeralda* apareció por primera vez en Occidente a través del *Secretum Secretorum*, un compendio de consejos para reyes que fue extremadamente popular durante la Edad Media. Este libro es en realidad una traducción del árabe *Kitab Sirr al-Asar*, que fue adaptado al latín por Johannes Hispalensis alrededor de 1140 y por Felipe de Trípoli en 1243. El *Secretum Secretorum* no solo contenía consejos prácticos para el gobierno, sino que también abarcaba temas como la medicina, la astrología, y por supuesto, la alquimia.

El *Kitab Sirr al-Asar* es un texto que fusiona tradiciones antiguas, incluyendo conocimientos griegos, persas e islámicos. La inclusión de la *Tabula Smaragdina* en este texto sugiere que, desde muy temprano, se reconoció su importancia como un resumen conciso de los principios alquímicos. Las traducciones de Platón de Tívoli y Hugo de Santalla también fueron fundamentales para la difusión de la Tabla en Europa. Platón de Tívoli, conocido por su trabajo en la astrología y la geometría, llevó el texto a nuevas audiencias, permitiendo que los eruditos occidentales lo integraran en su propio corpus de conocimientos esotéricos.

1.2 Las Versiones Árabes y su Influencia

La influencia de la tradición islámica en la alquimia occidental es innegable. El descubrimiento por parte de Holmyard de una versión temprana de la Tabla en el *Kitab Ustuqus al-Uss al-Thani*, atribuido a Jabir ibn Hayyan, sugiere que este texto era conocido y estudiado dentro de las comunidades científicas y esotéricas islámicas. Jabir, a menudo considerado como el padre de la química árabe, fue un influyente alquimista cuya obra combinaba la ciencia con la metafísica, y es posible que la Tabla Esmeralda refleje algunos de sus principios filosóficos.

Además, la versión descubierta por Ruska en el *Kitab Sirr al-Jaliqa wa Sanat al-Tabia*, también conocido como *Kitab Balaniyus al-Hakim fi'l-`Ilal*, añade otra capa de complejidad a la historia de la Tabla. Este texto, que podría haber sido escrito tan temprano como en el año 650, sugiere que la Tabla Esmeralda fue parte de un corpus más amplio de conocimientos esotéricos y alquímicos que circulaba en el mundo islámico durante la Alta Edad Media. La atribución del texto a Balinas, una figura asociada con Apolonio de Tyna, refuerza la conexión entre la alquimia islámica y las tradiciones esotéricas griegas.

1.3 Comparaciones y Similitudes con Otros Textos

El *Kitab Sirr al-Jaliqa* muestra similitudes con el *Libro de los Tesoros* sirio, escrito por Job de Odesa en el siglo IX, y con los escritos de Nemesio de Emesa del siglo IV. Estas conexiones sugieren que la Tabla Esmeralda pudo haberse desarrollado en un entorno cultural donde las ideas griegas, siríacas e islámicas estaban en diálogo. Aunque ni el *Libro de los Tesoros* ni los textos de Nemesio contienen la Tabla en sí, el hecho de que compartan temas y conceptos filosóficos sugiere que la Tabla Esmeralda es parte de una tradición más amplia de literatura esotérica que se ocupaba de la naturaleza del cosmos y la relación entre el hombre y el universo.

La tradición siríaca, con su fuerte énfasis en la traducción y preservación de textos griegos, podría haber jugado un papel clave en la transmisión de ideas filosóficas y alquímicas a través de diferentes culturas. Esta tradición actúa como un puente entre el pensamiento griego clásico y el renacimiento del conocimiento en el mundo islámico, lo que a su vez influenció el desarrollo de la alquimia en Europa.

Capítulo 2: Origen y autores atribuidos

2.1 La Figura de Balinas: Mito y Realidad

La *Tabula Smaragdina* se atribuye frecuentemente a una figura conocida como Balinas, quien es identificado a menudo con Apolonio de Tyna, un filósofo y mago neopitagórico del siglo I d.C. Sin embargo, esta identificación es problemática. Las fuentes históricas que vinculan a Apolonio con la Tabla son escasas y a menudo se basan más en la leyenda que en hechos verificables. Apolonio de Tyna es recordado en gran parte por sus viajes y su supuesta capacidad para realizar milagros, lo que lo convierte en una figura atractiva para ser asociada con textos esotéricos y alquímicos.

La leyenda de Balinas sugiere que encontró la Tabla Esmeralda en una cueva, grabada en una losa de esmeralda. Esta historia es emblemática de las narrativas esotéricas que rodean los textos alquímicos, donde el descubrimiento de antiguos conocimientos ocultos en lugares secretos simboliza la revelación de verdades espirituales profundas. La idea de que la Tabla fue encontrada, en lugar de escrita, añade una capa de misterio y autoridad al texto, sugiriendo que su contenido es de origen divino o preternatural.

Las leyendas sobre textos antiguos encontrados en lugares secretos no son exclusivas de la *Tabula Smaragdina*. Los rollos del Mar Muerto, descubiertos en cuevas cerca de Qumrán, y los textos gnósticos de Nag Hammadi, hallados en Egipto, son ejemplos históricos de la práctica de esconder escritos sagrados o esotéricos para preservarlos para futuras generaciones. Esta práctica refuerza la noción de que la *Tabula Smaragdina* es parte de una tradición más amplia de ocultismo y misticismo, donde el conocimiento sagrado es protegido y transmitido a aquellos que están espiritualmente preparados para recibirlo.

2.2 Influencias Orientales: Teorías y Evidencias

El origen de la *Tabula Smaragdina* ha sido objeto de numerosas teorías. Julius Ruska, en su análisis, sugirió que la Tabla podría tener un origen oriental, posiblemente derivado de tradiciones persas o indias. Esta hipótesis se basa en la similitud entre los conceptos alquímicos expresados en la Tabla y los encontrados en textos alquímicos de estas regiones. Por ejemplo, en la alquimia india, conocida como *Rasayana*, existe una profunda conexión entre la transmutación de metales y la transformación espiritual, un tema que también es central en la Tabla Esmeralda.

Joseph Needham, en su monumental obra sobre la ciencia y la civilización en China, propuso que la Tabla Esmeralda podría tener influencias chinas, dado que la alquimia china, con su enfoque en la inmortalidad y la transmutación interna, presenta similitudes notables con la alquimia occidental. La alquimia china, o *Neidan*, busca la creación de elixires que proporcionen la inmortalidad, un proceso que se refleja tanto en la práctica externa (alquimia de laboratorio) como en la interna (alquimia espiritual). Sin embargo, la evidencia directa de una conexión china es limitada, y la mayoría de los estudiosos se inclinan por un origen islámico de la Tabla, que luego fue transmitido a Europa.

A pesar de las incertidumbres sobre su origen, la comparación de las tradiciones alquímicas de diferentes culturas sugiere un intercambio de ideas a través de rutas comerciales y redes de traducción, lo que habría enriquecido el desarrollo de la alquimia en múltiples contextos. Este intercambio cultural es especialmente evidente en la forma en que la *Tabula Smaragdina* integra conceptos que pueden rastrearse en tradiciones alquímicas y esotéricas tanto de Oriente como de Occidente.

Capítulo 3: Simbolismo y contenido de la tabla esmeralda

3.1 Análisis Textual y Filosófico

La *Tabula Smaragdina* es un texto conciso pero profundo, compuesto de aforismos que condensan los principios fundamentales de la alquimia. El texto original en latín se compone de unos pocos versos, pero cada uno ha sido objeto de numerosos comentarios e interpretaciones. La afirmación inicial, "Es verdad, sin mentira, cierto y muy verdadero", establece el tono del texto, presentando sus enseñanzas como verdades universales y eternas. Este tono de autoridad es característico de muchos textos esotéricos, donde la verdad se revela de manera directa e incuestionable.

Uno de los versos más citados es: "Lo que está abajo es como lo que está arriba, y lo que está arriba es como lo que está abajo". Este principio de correspondencia es central en la filosofía hermética y ha sido interpretado de diversas maneras a lo largo de los siglos. Para los alquimistas, este verso sugiere que los procesos alquímicos no solo tienen lugar en el laboratorio, sino también en el alma del practicante. El microcosmos (el ser humano) refleja el macrocosmos (el universo), y por lo tanto, la transformación de los metales en oro es análoga a la transformación espiritual del alquimista.

Este principio de correspondencia también se encuentra en otras tradiciones esotéricas. Por ejemplo, en la Cábala, un sistema místico judío, se enseña que las acciones en el mundo material tienen repercusiones en los reinos espirituales. Del mismo modo, en la astrología, los movimientos de los planetas y estrellas se consideran reflejos de eventos terrestres. Estas correspondencias subrayan la idea de que todo en el universo está interconectado, y que el estudio de un aspecto de la realidad puede revelar verdades sobre el todo.

3.2 Simbolismo de los Materiales: La Esmeralda y el Verde

El uso del término "esmeralda" en la *Tabula Smaragdina* ha generado diversas interpretaciones. En la antigüedad, el término "esmeralda" podría referirse no solo a la piedra preciosa que conocemos hoy, sino también a otros materiales de color verde, como el jaspe verde o ciertos tipos de granito. Este simbolismo del verde es profundo en la alquimia, donde el color verde está asociado con la vida, la regeneración y la fertilidad.

Durante la Edad Media, la esmeralda y otros materiales verdes adquirieron un significado esotérico adicional. La Mesa de Esmeralda de los reyes góticos de España y el Sacro Catino, un plato que se dice perteneció a la Reina de Saba y fue utilizado en la Última Cena, son ejemplos de objetos que fueron venerados no solo por su valor material, sino también por su simbolismo. El color verde de estos objetos se asoció con la pureza, la eternidad y la conexión con lo divino.

En la alquimia, el verde también está relacionado con el crecimiento espiritual y la renovación. La obra de los alquimistas se centraba no solo en la transmutación de metales, sino también en la transformación interna del alquimista. El verde, como color de la naturaleza y la vida, simboliza la regeneración y el proceso de purificación que es esencial para alcanzar el *opus magnum* (la Gran Obra) en la alquimia. Este simbolismo refuerza la idea de que la *Tabula Smaragdina* es tanto un tratado sobre la alquimia práctica como una guía para la transformación espiritual.

Capítulo 4: Relaciones con otras tradiciones esotéricas

4.1 Paralelismos con la Filosofía Griega y Egipcia

La influencia de la filosofía griega, particularmente del neoplatonismo, es evidente en la *Tabula Smaragdina*. Los neoplatónicos, como Plotino, enseñaron que el mundo sensible es un reflejo del mundo ideal, y que el ser humano puede alcanzar la sabiduría divina a través de la contemplación y el conocimiento. Este concepto es central en la alquimia, donde el proceso de transmutación no solo se refiere a la transformación de sustancias materiales, sino también a la elevación del alma hacia lo divino.

La conexión entre la *Tabula Smaragdina* y la filosofía griega también se puede ver en su enfoque en la unidad y la correspondencia. En la cosmología neoplatónica, todo el universo está interconectado, y cada parte refleja el todo. Este principio se refleja en la *Tabula Smaragdina* cuando se afirma que "lo que está abajo es como lo que está arriba". Este es un concepto que también se encuentra en la alquimia egipcia, conocida como *khemia*, donde el proceso de transformación de los materiales está intrínsecamente ligado al proceso de transformación espiritual.

La influencia de Egipto en la *Tabula Smaragdina* es particularmente significativa. Hermes Trismegisto, a quien se atribuye la Tabla, es una figura sincrética que combina aspectos del dios egipcio Thoth y el dios griego Hermes. Thoth, considerado el dios de la sabiduría, la escritura y la magia, es visto como el inventor de la alquimia. Los textos egipcios, como el *Libro de los Muertos*, contienen rituales y fórmulas que reflejan un profundo conocimiento de los procesos naturales y de la transformación, temas que también son centrales en la *Tabula Smaragdina*.

4.2 Comparación con la Alquimia India y China

La alquimia india, conocida como *Rasayana*, comparte con la alquimia occidental un enfoque en la transmutación de sustancias, pero también en la transformación interna del practicante. En la tradición india, la alquimia está estrechamente relacionada con la medicina ayurvédica y el yoga, y busca la prolongación de la vida y la inmortalidad a través de la transmutación de sustancias y la purificación del cuerpo y el espíritu. Esta búsqueda de la inmortalidad es un tema común en muchas tradiciones alquímicas, incluidas las occidentales.

En China, la alquimia taoísta también tiene un fuerte enfoque en la creación de elixires que proporcionan la inmortalidad. Sin embargo, la alquimia china se diferencia de la occidental en su énfasis en la alquimia interna, o *Neidan*, que se centra en la transmutación de la energía interna del practicante en lugar de la transmutación de sustancias externas. Este proceso de alquimia interna tiene paralelismos con las prácticas de meditación y transformación espiritual que se encuentran en la alquimia occidental, especialmente en la tradición hermética.

A pesar de las diferencias culturales, estas tradiciones alquímicas comparten una visión común de la interconexión entre el cuerpo, la mente y el cosmos. La *Tabula Smaragdina* refleja esta visión en su afirmación de la correspondencia entre lo que está arriba y lo que está abajo, lo que sugiere que los procesos alquímicos que tienen lugar en el mundo material son reflejos de procesos espirituales internos.

Capítulo 5: La influencia de la tabla esmeralda en el mundo occidental

5.1 La Influencia de la Tabla en el Renacimiento

Durante el Renacimiento, la *Tabula Smaragdina* desempeñó un papel crucial en la recuperación y revitalización del conocimiento alquímico y hermético en Europa. Figuras influyentes como Marsilio Ficino y Giovanni Pico della Mirandola integraron los principios de la Tabla en su filosofía hermética, que combinaba elementos de la alquimia, la astrología, y la magia. El Renacimiento fue un período de redescubrimiento de los textos antiguos, y la *Tabula Smaragdina* se convirtió en una de las piedras angulares del pensamiento esotérico de la época.

El filósofo suizo Paracelso fue otro de los grandes exponentes del renacimiento alquímico, y su obra muestra una profunda influencia de la *Tabula Smaragdina*. Paracelso, conocido como el padre de la toxicología, creía que el cuerpo humano era un microcosmos que reflejaba el macrocosmos del universo, una idea que resuena claramente con el principio de correspondencia de la Tabla.

Además, Paracelso aplicó los principios alquímicos a la medicina, argumentando que las enfermedades eran el resultado de desequilibrios en los elementos del cuerpo y que podían ser tratadas mediante la alquimia.

La influencia de la Tabla también se puede ver en la obra de John Dee, un matemático y astrónomo inglés que fue consejero de la reina Isabel I. Dee era un ferviente defensor de la filosofía hermética, y su biblioteca contenía múltiples copias de la *Tabula Smaragdina*. Dee utilizó los principios de la Tabla en su trabajo sobre la alquimia y la astrología, y su creencia en la interconexión de todas las cosas lo llevó a desarrollar un sistema esotérico conocido como "magia enochiana", que combinaba elementos de la alquimia, la cábala, y la numerología.

5.2 La Tabla en la Era Moderna

En la era moderna, la *Tabula Smaragdina* ha continuado siendo una fuente de inspiración para aquellos interesados en el ocultismo y el esoterismo. A finales del siglo XIX y principios del XX, la Tabla se convirtió en un texto fundamental para las sociedades ocultistas, como la *Hermetic Order of the Golden Dawn* y la *Sociedad Teosófica*. Estas organizaciones vieron en la Tabla una guía para la comprensión de los misterios del universo y la realización espiritual.

El psiquiatra suizo Carl Gustav Jung también se inspiró en la *Tabula Smaragdina* en su desarrollo de la psicología analítica. Jung interpretó los principios alquímicos de la Tabla como metáforas para el proceso de individuación, en el cual el individuo integra las diferentes partes de su psique para alcanzar la totalidad. Jung vio la alquimia como un precursor de la psicología moderna y argumentó que los alquimistas, a través de sus experimentos y escritos, estaban en realidad proyectando su propia psique en los procesos químicos que observaban.

Hoy en día, la *Tabula Smaragdina* sigue siendo un texto central en la literatura esotérica. Su influencia se puede ver en una variedad de campos, desde la espiritualidad New Age hasta la psicología transpersonal. Además, la Tabla ha dejado su huella en la cultura popular, apareciendo en películas, libros y videojuegos que exploran temas de alquimia, transformación y el poder oculto de la naturaleza.

Conclusión

La *Tabula Smaragdina* ha trascendido su origen como un simple texto alquímico para convertirse en un símbolo poderoso de la interconexión entre el cuerpo, la mente y el cosmos. A lo largo de los siglos, ha influido en una amplia gama de disciplinas, desde la filosofía y la alquimia hasta la psicología y la cultura popular. Su mensaje de correspondencia y unidad sigue resonando en el mundo moderno, recordándonos que, como dice la Tabla, "lo que está abajo es como lo que está arriba, y lo que está arriba es como lo que está abajo". La Tabla Esmeralda no solo es un legado de la antigüedad, sino una guía atemporal para la búsqueda de la verdad y la transformación espiritual.

Bibliografía

Principe, Lawrence M. *The Secrets of Alchemy*. University of Chicago Press, 2013.

Holmyard, E.J. *Alchemy*. Dover Publications, 1990.

Needham, Joseph. *Science and Civilization in* China: *Volume 5, Chemistry and Chemical Technology, Part 2: Spagyrical Discovery and* Invention: *Magisteries of Gold and Immortality*. Cambridge University Press, 1974.

Ruska, Julius. *Tabula* Smaragdina: *Ein Beitrag zur Geschichte der hermetischen Literatur*. Springer, 1926.

Stapleton, H.E., et al. "The Antiquity of Alchemy." *Isis*, vol. 16, no. 2, 1931, pp. 223-290.

Singer, Charles & Steele, R.T. *A History of Technology*. Oxford University Press, 1954.

Jung, Carl Gustav. *Psychology and Alchemy*. Routledge & Kegan Paul, 1953.

Paracelso, Theophrastus. *The Hermetic and Alchemical Writings of Paracelsus*. Kessinger Publishing, 2005.

TRADUCCIONES

De Jabir Ibn Hayyan

1. Balinas menciona el grabado en la mesa de la mano de Hermes, que dice:

2. ¡Verdad! ¡La certeza! ¡Aquello en lo que no hay duda!

3. Lo que está arriba es de lo que está abajo, y lo que está abajo es de lo que está arriba, haciendo los milagros de uno.

4. Como todas las cosas provienen de uno.

5. Su padre es el Sol y su madre, la Luna.

6. La Tierra lo llevó en su vientre, y el Viento lo alimentó en su vientre.

7. Como la Tierra, que se convertirá en Fuego. Alimenta la Tierra de lo que es sutil, con el mayor poder.

8. Asciende de la Tierra al cielo y se convierte en gobernante de lo que está arriba y de lo que está abajo.

9. Ya he explicado el significado de todo esto en dos de estos libros míos.

Otra versión árabe *(del alemán de Ruska, traducido por "anonym")*

1. He aquí lo que el sacerdote Sagijus de Nabulus ha dictado sobre la entrada de Balinas en la cámara oculta... Después de mi entrada en la cámara, donde estaba colocado el talismán, me acerqué a un anciano, sentado en un trono de oro, que sostenía una mesa de esmeralda en una mano. Y he aquí que lo siguiente —en siríaco, la lengua primordial— estaba escrito en ella:

2. Aquí (está) una explicación verdadera, sobre la que no puede haber duda.

3. Atestigua: Lo de arriba es de lo de abajo, y lo de abajo es de lo de arriba —la obra del milagro del Uno—.

4. Las cosas han sido a partir de esta sustancia primigenia mediante un acto único. ¡Qué maravillosa es esta obra! Es el (principio) principal del mundo y es su mantenedor.

5. Su padre es el Sol y su madre, la Luna.

6. El viento lo ha llevado en su cuerpo, y la Tierra lo ha alimentado.

7. El padre de los talismanes y el protector de los milagros, cuyos poderes

son perfectos y cuyas luces son confirmadas (?).

8. Un fuego que se convierte en tierra. Separa la tierra del fuego; así alcanzarás lo sutil como más inherente que lo burdo, con cuidado y sagacidad.

9. Se eleva de la Tierra al cielo para atraer hacia sí las luces de las alturas, y desciende a la Tierra; así, en su interior están las fuerzas de lo alto y de lo bajo.

10. Porque la luz de las luces está dentro de ella, así huye la oscuridad ante ella.

11. La fuerza de las fuerzas, que supera todo lo sutil y penetra en todo lo grosero.

12. La estructura del microcosmos está de acuerdo con la estructura del macrocosmos.

13. De acuerdo con ello proceden los conocedores.

14. A esto aspiró Hermes, que fue triplemente agraciado con la sabiduría.

15. Este es su último libro, que ocultó en la cámara.

1. Cuando entré en la cueva, recibí la tabla *zaradi*, que estaba inscrita, de entre las manos de Hermes, en la que descubrí estas palabras:

2. Verdadero, sin falsedad; cierto, muy cierto.

3. Lo que está arriba es como lo que está abajo, y lo que está abajo es como lo que está arriba, para hacer el milagro de la cosa única.

4. Como todas las cosas fueron hechas de la contemplación de una, así todas las cosas nacieron de una adaptación.

5. Su padre es el Sol y su madre, la Luna.

6. El viento lo llevó en su seno, y la Tierra lo amamantó.

7. Es el padre de todas las "obras maravillosas" (*Telesmi*) del mundo. Su poder es completo (*integra*).

8. Si se lanza a (se vuelve hacia - *versa fuerit*) la Tierra, separará la tierra del fuego, lo sutil de lo grosero.

9. Con gran capacidad asciende de la Tierra al cielo, de nuevo desciende a

la Tierra, y retoma el poder de lo superior y lo inferior.

10. Así recibirás la gloria de la distinción del mundo. Toda la oscuridad huirá de ti.

11. Esta es la fuerza más fuerte de todas las fuerzas, pues supera todas las cosas sutiles y penetra todas las cosas sólidas. Así fue creado el mundo.

12. De aquí surgen adaptaciones maravillosas de las que este es el procedimiento.

13. Por eso me llaman Hermes, porque tengo tres partes de la sabiduría de todo el mundo.

14. Y completo es lo que tenía que decir sobre el trabajo del Sol, del libro de *Galieni Alfachimi.*

Traducción de *Aurelium Occultae Philosophorum*, de Georgio Beato

1. Esto es verdadero y alejado de toda cobertura de falsedad.

2. Lo que está abajo es similar a lo que está arriba. A través de esto se procuran y perfeccionan las maravillas de la obra de una cosa.

3. Como todas las cosas están hechas de una, por la consideración de una, así todas las cosas fueron hechas de esta, por la conjunción.

4. Su padre es el Sol y su madre, la Luna.

5. El viento lo llevó en el vientre. Su nodriza es la Tierra, la madre de toda perfección. Su poder se perfecciona.

6. Si se convierte en tierra, separa la tierra del fuego, lo sutil y delgado de lo burdo y el curso, con prudencia, modestia y sabiduría.

7. Esto asciende de la Tierra al cielo y de nuevo desciende del cielo a la Tierra, y recibe el poder y la eficacia de las cosas de arriba y de las de abajo.

8. Por este medio adquirirás la gloria de todo el mundo, y así alejarás todas las sombras y la ceguera.

9. Porque esto, por su fortaleza, arrebata la palma a toda otra fortaleza y poder, pues es capaz de penetrar y someter todo lo sutil y todo lo burdo y duro. Por este medio se fundó el mundo.

10. Y de ahí las maravillosas combinaciones de este y los admirables efectos, ya que este es el medio por el que se pueden producir estas maravillas.

11. Y debido a esto me han llamado Hermes Trismegisto, ya que tengo las tres partes de la sabiduría y la filosofía de todo el universo.

12. Ha terminado mi discurso sobre la obra solar.

Traducción de Isaac Newton C. 1680

1. Es cierto, sin mentir; cierto y muy cierto.

2. Lo que está abajo es como lo que está arriba, y lo que está arriba es como lo que está abajo, para hacer los milagros de una sola cosa.

3. Como todas las cosas han sido y surgido de una por la mediación de una, así todas las cosas tienen su nacimiento de esta única cosa por adaptación.

4. El Sol es su padre, la Luna, su madre.

5. El viento lo ha llevado en su vientre; la Tierra, su curso.

6. El padre de toda la perfección en todo el mundo está aquí.

7. Su fuerza o poder es total si se convierte en tierra. Separa la tierra del fuego, lo sutil de lo burdo, con gran indudable habilidad.

8. Sube de la Tierra al cielo y vuelve a la Tierra y recibe la fuerza de las cosas superiores e inferiores.

9. Por este medio tendrás la gloria de todo el mundo y así toda la oscuridad se alejará de ti.

10. Su fuerza está por encima de toda fuerza, pues vence a todo lo sutil y penetra en todo lo sólido. Así fue creado vuestro mundo.

11. De esto son y vienen adaptaciones admirables, de las cuales vuestro medio (o proceso) está aquí en esto.

12. De ahí que me llamen Hermes Trismegisto, pues tengo las tres partes de la filosofía de todo el mundo.

13. Lo que he dicho de la operación del Sol está cumplido y terminado.

Traducción de Kriegsmann (?)
Supuestamente del fenicio

1. Hablo con verdad, no con mentira; ciertamente y con mucha verdad.

2. Estas cosas de abajo, con las de arriba, y aquellas con estas, se unen de nuevo para que produzcan una sola cosa, la más maravillosa de todas.

3. Como todo el universo fue engendrado de uno por la palabra de un solo DIOS, así también todas las cosas se regeneran perpetuamente de este según la disposición de la Naturaleza.

4. Tiene al Sol por padre y a la Luna por madre.

5. Es llevado por el aire como en un vientre; es amamantado por la Tierra.

6. Esta es la causa de toda la perfección de todas las cosas en todo el universo. 6a) Esto alcanzará la más alta perfección de los poderes

7. Si se reduce a la Tierra, distribuye aquí la tierra y allí el fuego; adelgaza la densidad de esta, la cosa más suave (*suavissima*) de todas.

8. Asciende con la mayor sagacidad del genio de la Tierra al cielo, y de ahí desciende de nuevo a la Tierra, y re-

conoce que las fuerzas de las cosas de arriba y de las cosas de abajo son una.

9. Para poseer la gloria del mundo entero, y más allá de esto, el hombre de destino abyecto no puede tener nada más.

10. Esta cosa en sí misma se hace más fuerte en la actualidad por razones de esta fortaleza: somete a todos los cuerpos con seguridad, ya sean tenues o sólidos, penetrándolos. Y así fue creado todo lo que contiene el mundo.

11. De ahí que se realicen obras admirables que se instituyen (realizan - *instituuntur*) según el mismo modo.

12. Por eso se me ha concedido el nombre de Hermes Trismegisto, porque se me descubre como el Maestro de las tres partes de la sabiduría del mundo.

13. Estas son, pues, las consideraciones que he llegado a la conclusión de que deben ser escritas en relación con las operaciones más rápidas del arte químico.

De Sigismund Bacstrom *(supuestamente traducido del caldeo)*

1. Los Trabajos Secretos de CHIRAM son uno en esencia, pero tres en aspecto.

2. Es verdadera, no es mentira; es cierta y se puede confiar en ella.

3. El superior se pone de acuerdo con el inferior, y el inferior se pone de acuerdo con el superior, para realizar esa única obra verdaderamente maravillosa.

4. Como todas las cosas deben su existencia a la voluntad del Único, así todas las cosas deben su origen a la única cosa, la más oculta por la disposición del Único Dios.

5. El padre de esa única cosa es el Sol; su madre es la Luna.

6. El viento lo lleva en su vientre, pero su curso es una tierra espiritual.

7. Esa única cosa es el padre de todas las cosas del Universo. Su poder es perfecto.

8. Después de haberse unido a una tierra espirituosa, separa esa tierra espirituo-

sa de la densa o cruda por medio de un calor suave, con mucha atención.

9. En gran medida asciende desde la Tierra hasta el cielo, y desciende de nuevo, recién nacida, sobre la Tierra; lo superior y lo inferior se incrementan en poder.

10. Por esto participarás de los honores de todo el mundo, y las tinieblas huirán de ti.

11. Esta es la fuerza de todos los poderes; con esto serás capaz de superar todas las cosas y transmutar todo lo que es fino y lo que es grueso. De esta manera fue creado el mundo.

12. Las disposiciones para seguir este camino están ocultas.

13. Por esta razón soy llamado Chiram Telat Mechasot, uno en esencia, pero tres en aspecto. En esta trinidad está oculta la sabiduría del mundo entero.

14. Ya ha terminado lo que he dicho sobre los efectos del Sol. Final de la *Tabula Smaragdina*.

2. Lo que está abajo es semejante a lo que está arriba, y lo que está arriba es semejante a lo que está abajo, para realizar las maravillas de la cosa única.

3. Como todas las cosas fueron producidas por la mediación de un ser, así todas las cosas fueron producidas a partir de este por adaptación.

4. Su padre es el Sol, su madre, la Luna. Es la causa de toda perfección en toda la Tierra.

5. Su poder es perfecto si se transforma en tierra. Separa la tierra del fuego, lo sutil de lo grosero, actuando con prudencia y juicio.

6. Asciende con la mayor sagacidad de la Tierra al cielo, y une el poder de las cosas inferiores y superiores.

7. Así poseerás la luz del mundo entero, y toda la oscuridad se alejará de ti.

8. Esta cosa tiene más fortaleza que la fortaleza misma, porque vencerá toda cosa sutil y penetrará toda cosa sólida. Por ella se formó el mundo.

DE FULCANELLI *(traducido del francés por Sieveking)*

1. Esta es la verdad, toda la verdad y nada más que la verdad.

2. Como es abajo, es arriba; y como es arriba, es abajo. Solo con este conocimiento puedes hacer milagros.

3. Y puesto que todas las cosas existen y emanan del Uno que es la causa última, así todas las cosas nacen según su especie de este Uno.

4. El Sol es el padre, la Luna, la madre.

5. El viento lo llevó en su vientre. La Tierra es su nodriza y su guardián.

6. Es el padre de todas las cosas. La Voluntad eterna está contenida en ella.

7. Aquí, en la Tierra, su fuerza, su poder permanecen uno e indivisible. Hay que separar la tierra del fuego, lo sutil de lo denso, suavemente y con un cuidado incesante.

8. Surge de la Tierra y desciende del cielo; reúne para sí la fuerza de las cosas de arriba y de las de abajo.

9. Por medio de esta cosa, toda la gloria del mundo será tuya, y toda la oscuridad huirá de ti.

10. Es poder, fuerte con la fuerza de todo poder, pues penetrará todos los misterios y disipará toda la ignorancia. Por ella fue creado el mundo.

11. De ella nacen múltiples maravillas, cuyos medios para lograrlas se dan aquí.

12. Es por esta razón que soy llamado Hermes Trismegisto, porque poseo los tres elementos esenciales de la filosofía del universo.

13. Esta es la suma total de la obra del Sol.

De Fulcanelli, nueva traducción

1. Es verdadero sin falsedad, cierto y muy verdadero:

2. Lo que está abajo es como lo que está en lo alto, y lo que está en lo alto es como lo que está abajo; por estas cosas se hacen los milagros de una cosa.

3. Y como todas las cosas son y vienen de Uno, por la mediación de Uno, así todas las cosas nacen de esta cosa única por adaptación.

4. El Sol es el padre, y la Luna, la madre.

5. El viento lo lleva en su estómago. La Tierra es su nutriente y su receptáculo.

6. El padre de todos los *Theleme* del mundo universal está aquí. Su fuerza o poder permanece entera,

7. Si se convierte en tierra, se separa la tierra del fuego, lo sutil de lo burdo, suavemente con gran industria.

8. Sube de la Tierra y baja del cielo, y recibe la fuerza de las cosas superiores e inferiores.

9. Tendrás, por este camino, la gloria del mundo y toda la oscuridad huirá de ti.

10. Es el poder fuerte con todo poder, pues vencerá toda cosa sutil y penetrará toda cosa sólida. De esta manera fue creado el mundo.

11. De él nacen maravillosas adaptaciones, de las que aquí se da la forma.

12. Por eso me han llamado Hermes Trismegisto, por tener las tres partes de la filosofía universal.

13. Esto, que he llamado la Obra Solar, está completo.

DE IDRES SHAH

1. La verdad, la certeza, lo más verdadero, sin falsedad.

2. Lo que está arriba es como lo que está abajo. Lo que está abajo es como lo que está arriba. El milagro de la unidad debe ser alcanzado.

3. Todo se forma a partir de la contemplación de la unidad, y todas las cosas surgen de la unidad por medio de la adaptación.

4. Sus padres son el Sol y la Luna.

5. Fue llevado por el viento y alimentado por la Tierra.

6. Todas las maravillas provienen de él, y su poder es completo.

7. Lánzalo sobre la Tierra, y la Tierra se separará del fuego. Lo impalpable se separa de lo palpable.

8. A través de la sabiduría, se eleva lentamente del mundo al cielo. Luego desciende al mundo, combinando el poder de lo superior y lo inferior.

9. Así tendrás la iluminación de todo el mundo, y la oscuridad desaparecerá.

10. Este es el poder de toda la fuerza: supera lo que es delicado y penetra a través de lo sólido. Este fue el medio de la creación del mundo.

11. Y en el futuro se harán desarrollos maravillosos, y este es el camino.

12. Yo soy Hermes el Sabio Triple, llamado así porque sostengo los tres elementos de toda sabiduría.

13. Y así termina la revelación de la obra del Sol.

1. Cierto, verdadero, sin lugar a dudas, seguro, digno de toda confianza.

2. Mira, lo más alto viene de lo más bajo, y lo más bajo de lo más alto; en verdad, una obra maravillosa del Tao.

3. Ve cómo todas las cosas se originaron a partir de Él mediante un único proceso.

4. Su padre (el elixir) es el Sol (*Yang*), su madre, la Luna (*Yin*).

5. El viento lo llevó en su vientre, y la Tierra lo alimentó.

6. Este es el padre de las obras maravillosas (cambios y transformaciones), el guardián de los misterios, perfecto en sus poderes, el animador de las luces.

7. Este fuego se derramará sobre la Tierra... Entonces separa la Tierra del fuego, lo sutil de lo grosero, actuando con prudencia y arte.

8. Asciende de la Tierra a los cielos (y ordena las luces de arriba), luego desciende de nuevo a la Tierra; y en ella está el poder de lo más alto y de lo más bajo.

9. Así, cuando tengas la luz de las luces, las tinieblas huirán de ti.

10. Con este poder de los poderes (el elixir) podrás conseguir el dominio de toda cosa sutil, y serás capaz de penetrar en todo lo que es grosero. Así se formó el gran mundo mismo.

11. De este modo y de este modo se lograrán operaciones maravillosas.

OBSERVACIONES

~ Sobre el número 3: Algunos textos latinos tienen *meditatione* (contemplación), otros *mediatione* (mediación). Algunos textos tienen *adaptatione* (por adaptación), otros tienen *adoptionis* (por adopción).

~ Sobre el número 6: *Telesmi* es una palabra griega; algunos textos tienen *thelesmi.*

~ En los números 6 y 7: En algunos textos "Su poder es completo" es una línea separada. En la lectura generalmente aceptada, esto corre en el número 7, produciendo "Su poder es completo si *versa fuerit* a la Tierra". Cuando ha sido posible, esto se ha indicado sumergiendo estas líneas en 6, 6a, 7 y 7a.

~ En los números 7 y 8: En algunos textos la "Sabiduría, capacidad" (*magno ingenio*) se lee como refiriéndose al número 7, y por lo tanto la operación de Separación debe ser llevada a cabo "cuidadosamente"; en otras lecturas, la "sabiduría" se sostiene para referirse al número 8, y el producto de la Separación así asciende con "sabiduría".

~ Needham cita a Ruska para decir que las secciones 3, 12 y 14 son probablemente adiciones tardías (op. cit).

COMENTARIOS SOBRE LOS TEXTOS Y SUS SIGNIFICADOS:

Sobre el número 1

HORTULANUS: "... El Sol más verdadero es el que procrea el arte. Y dice 'más verdadero' en grado superlativo porque el Sol generado por este arte excede en todas sus propiedades, medicinales y de otro tipo, al Sol natural" (Davis modificado por Linden).

ELIPHAS LÉVI: Lévi menciona que el Sol alquímico es la representación del poder divino de la creación. Este Sol interno simboliza la capacidad del alquimista para generar luz y vida a partir de la oscuridad y la materia inerte. En sus textos, Lévi asocia este Sol con la energía vital que sustenta el cosmos y que puede ser manipulada a través del conocimiento esotérico para lograr la transmutación.

PARACELSO: Para Paracelso, el Sol es la fuerza vital primaria, que no solo tiene un papel crucial en la curación, sino que también actúa como el principio activo en la transmutación alquímica. El "Sol más verdadero" representa la manifestación de esta fuerza en su forma más pura, capaz de curar y transformar, superando a cualquier manifestación física del Sol natural.

Rosacruces: En la tradición rosacruz, el Sol es visto como el símbolo de la verdad suprema y el conocimiento oculto. El "Sol más verdadero" es interpretado como la iluminación espiritual que se alcanza mediante la alquimia interior, un proceso que lleva al adepto a un estado de perfección y comprensión universal.

Helena Blavatsky: En "La Doctrina Secreta", Blavatsky menciona que el Sol es un símbolo de la "Luz Astral", la energía cósmica que permea el universo y que los alquimistas buscan controlar y utilizar en sus prácticas. Este Sol más verdadero es, según Blavatsky, el reflejo de la iluminación interna que guía al alma hacia la verdad absoluta.

Sobre el número 2

Albertus Magnus: Hermes afirma que "los poderes de todas las cosas de abajo se originan en las estrellas y constelaciones del cielo; y que todos estos poderes se vierten en las cosas de abajo a través del círculo llamado Alaur, que es, según ellos, el primer círculo de las constelaciones". Este descenso es "noble cuando los materiales que reciben estos poderes son más parecidos a las cosas de arriba en su brillo y transparencia; innoble cuando los materiales son confusos y sucios, de modo que el poder celestial está, por así decirlo, oprimido. Por eso se dice que esta es la razón por la que las piedras preciosas, más que cualquier otra cosa, tienen poderes maravillosos". Mientras que "los siete tipos de metales tienen sus formas de los siete planetas de las esferas inferiores".

Hortulano: "La piedra está dividida en dos partes principales por el magisterio: una parte superior, que asciende arriba, y una parte inferior, que permanece abajo, fija y clara. Estas dos partes, además, son concordantes en su virtud, ya que la parte inferior es la tierra, que se llama nodriza y fermento, y la parte superior es el espíritu que vivifica toda la piedra y la eleva. Por lo tanto, al realizarse la separación y la conjunción, se efectúan muchos milagros."

Burckhardt: "Esto se refiere a la dependencia recíproca de lo activo y lo pasivo... La forma esencial no puede manifestarse sin la materia pasiva... La eficacia del poder espiritual depende de la preparación del 'contenedor' humano, y viceversa. El 'arriba' y el 'abajo' están, pues, relacionados con esta única cosa y se complementan mutuamente en su respectivo ámbito."

Schumaker: "Hay planos correspondientes en varios niveles de la creación, de ahí que sea seguro establecer analogías entre el macrocosmos y el microcosmos, el reino mineral y los reinos humano, animal y vegetal, etc."

Needham: "Toda la afirmación se parece notablemente a la doctrina de que el extremo del Yang genera el Yin, y viceversa."

Marsilio Ficino: Ficino, en su interpretación neoplatónica, sostiene que el mundo inferior refleja el orden divino del cosmos. El poder de las estrellas y los planetas se vierte en el mundo material a través de una serie de influencias espirituales que impactan todas las cosas vivas. La correspondencia entre lo superior y lo inferior es crucial en la magia natural y la alquimia, donde los alquimistas buscan manipular estas influencias para realizar sus transmutaciones.

John Dee: En los escritos de John Dee, especialmente en su obra "Monas Hieroglyphica", se resalta la importancia de la relación entre los cuerpos celestes y los elementos terrestres. Dee argumenta que la comprensión de esta relación permite al mago o alquimista acceder a un conocimiento superior, esencial para la creación de la piedra filosofal y otros trabajos esotéricos.

Cornelio Agrippa: En "Filosofía Oculta", Agrippa expone que la virtud de los cuerpos celestiales se transmite a las cosas inferiores, como los metales, las piedras y las plantas, a través de la influencia de las estrellas. Esta correspondencia entre lo celestial y lo terrestre es la base de la magia astrológica, donde cada objeto en el mundo inferior es un reflejo de una potencia superior.

Sobre el número 3

Hortulanus: "Nuestra piedra, que fue creada por Dios, nació y salió de una masa confusa, que contenía en sí misma todos los elementos; y, por lo tanto, nuestra piedra nació por este único milagro."

Trithemius: "¿No es cierto que todas las cosas fluyen de una sola cosa, de la bondad del Uno, y que todo lo que se une a la Unidad no puede ser diverso, sino que fructifica por medio de la simplicidad y adaptabilidad del Uno?" "¿Qué nace de la Unidad? ¿No es el ternario? Toma nota: la Unidad no se mezcla, el binario se compone, y el ternario se reduce a la simplicidad de la Unidad. Yo, Trithemius, no soy de tres mentes, sino que persisto en una sola mente integrada que se complace en el ternario, que da a luz una maravillosa descendencia" (Bran).

Burckhardt: "La luz indivisa e invisible del Uno incondicionado es refractada en la multiplicidad por el prisma del Espíritu". Cuando el Espíritu contempla la Unidad sin comprenderla plenamente "manifiesta el Todo de muchas caras, como una lente transmite la luz que recibe como un haz de rayos."

SCHUMAKER: Como Dios es uno, todos los objetos creados provienen de una sola cosa, una materia primordial indiferenciada.

PLOTINO: Plotino, en su filosofía neoplatónica, sostiene que todo emana de la Unidad (el Uno), que es la fuente de toda existencia. Esta emanación es un proceso continuo en el que la Unidad se diversifica en la multiplicidad, pero sin perder su esencia indivisible. En este sentido, la piedra filosofal es vista como una representación de este proceso, donde la diversidad de elementos se reconduce a una unidad primordial.

HERMES TRISMEGISTO: En los textos herméticos, como el *Corpus Hermeticum*, se enfatiza que todo en el universo proviene de una única fuente divina. La creación es una manifestación de esta unidad primordial, y el proceso alquímico busca restaurar esta unidad dentro de la materia, simbolizando la reunificación del alma con el Espíritu.

JACOB BOEHME: Boehme, en su obra "Aurora", explora la idea de que todo lo que existe proviene de una fuente común, a la que llama la "Voluntad de Dios". Esta voluntad se manifiesta en el mundo material a través de un proceso de diferenciación, donde lo espiritual se convierte en lo material, y lo material busca retornar a su origen espiritual. Este concepto resuena con la idea alquímica de que todo proviene de la "Materia Prima", la cual es la base de toda creación.

Sobre el número 4

HORTULANUS: "Así como un animal genera naturalmente más animales similares a sí mismo, así el Sol genera artificialmente el Sol por el poder de multiplicación de la piedra. En esta generación artificial es necesario que el Sol tenga un receptáculo adecuado, consonante consigo mismo, para su esperma y su tintura, y esta es la Luna de los filósofos".

REDGROVE: El Sol y la Luna "probablemente representan el Espíritu y la Materia respectivamente, no el oro y la plata".

BURCKHARDT: El Sol "es el espíritu (*nous*), mientras que la Luna es el alma (*psique*)".

SCHUMAKER: "Si la Luna se asocia con el agua, como por su 'humedad' era habitual, y el Sol con el fuego, se entiende que la materia prima ha sido generada por el fuego, nacida del agua, bajada del cielo por el viento y alimentada por la tierra".

ZÓSIMO DE PANÓPOLIS: Zósimo, uno de los alquimistas griegos más antiguos, también asocia al Sol con el principio masculino y la Luna con el principio femenino. En sus escritos, la unión de estos dos principios es crucial para la creación de la "Gran Obra", donde el

Sol aporta el espíritu y la Luna la materia necesaria para la transmutación.

MICHAEL MAIER: Maier, en su obra "Atalanta Fugiens", describe el matrimonio alquímico entre el Sol y la Luna como la unión sagrada que da origen a la piedra filosofal. Este matrimonio es el símbolo del equilibrio perfecto entre lo espiritual y lo material, necesario para que ocurra la transmutación alquímica.

THOMAS VAUGHAN: En su tratado "Lumen de Lumine", Vaughan describe al Sol y la Luna como los arquetipos cósmicos de la dualidad. El Sol es el principio activo, la luz y la conciencia, mientras que la Luna es el principio pasivo, la receptividad y la forma. La obra alquímica, según Vaughan, consiste en armonizar estos dos principios para revelar la verdadera esencia de la materia.

EUGENE CANSELIET: Canseliet, discípulo de Fulcanelli, en su análisis de la alquimia hermética, sostiene que el Sol y la Luna representan los dos polos de la manifestación universal. La interacción entre estos polos crea la energía necesaria para la transmutación y es la clave para desvelar los secretos ocultos de la naturaleza.

Sobre el número 5

Albertus Magnus: Con esto, Hermes "quiere decir la *levigatio* [aligerar el peso] de la materia, elevándola a las propiedades del Aire. Y la razón por la que dice que el viento lleva el material [de la piedra] en su vientre es que, cuando el material se coloca en un alambique —que es un recipiente hecho como aquellos en los que se prepara el agua de rosas— entonces, por evaporación, se vuelve sutil y se eleva hacia las propiedades del Aire... Y allí se destila y sale de la boca del alambique un licor acuoso o aceitoso con todos los poderes de los elementos". En los metales, la humedad no se separa de la sequedad, sino que se disuelve en ella; y estando así disuelta, se mueve allí como si hubiera sido tragada por la Tierra y se moviera en sus entrañas. Por este motivo, Hermes dijo: "La madre del metal es la Tierra que lo lleva en su vientre".

Hortulano: "Es evidente que el viento es aire, y el aire es vida, y la vida es espíritu... Y así es necesario que el viento lleve toda la piedra. Sin embargo, nuestra piedra sin el fermento de la tierra nunca llegará al efecto, cuyo fermento se llama alimento".

TRITHEMIUS: "El viento lleva su semilla en su vientre".

MAIER: Por "el viento lo lleva en su vientre", Hermes quiere decir "él, cuyo padre es el Sol, y cuya madre es la Luna, será llevado antes de nacer, por el viento y el vapor, así como un pájaro que vuela es llevado por el aire". De los vapores de los vientos, que no son otra cosa que viento en movimiento, procede el agua, cuando se condensa, y de esa agua, mezclada con la tierra, surgen todos los minerales y metales". La sustancia transportada por el viento es "en el aspecto químico, el azufre, que se lleva en el mercurio". Lull dice: "La piedra es el fuego, llevado en el vientre del aire". En el aspecto físico, es el niño no nacido que pronto nacerá. Para ser más claro, "todo el mercurio está compuesto de vapores, es decir, de agua, que la tierra eleva junto con ella al aire fino, y de tierra, que el aire obliga a volver a la tierra acuosa o al agua terrosa". Como los elementos contenidos en su interior se reducen cada uno a una condición acuosa, o bien siguen a los elementos volátiles hacia arriba, como en el mercurio común, o bien se quedan abajo con los elementos sólidos, como en el mercurio filosófico y en los metales sólidos. Así, "el mercurio es el viento que recibe el azufre... como el fruto inmaduro del vientre materno, o de las cenizas del cuerpo materno quemado, y lo lleva a un lugar donde pueda madurar". Ripley dice que "nuestro hijo nacerá en el aire, es decir, en el vientre del viento" .

Maier (2º comentario) sobre "La tierra es su nodriza": El alimento se transforma en la sustancia del que lo come y luego es asimilado. "Esta armonía domina toda la naturaleza, pues lo semejante disfruta de lo semejante". Lo mismo ocurre en la Obra y en la Naturaleza, "como el crecimiento del niño en el seno materno. Así también se ha atribuido al niño filosófico un padre, una madre y una nodriza... nace de la doble semilla y luego crece como lo hace un embrión". Al igual que una mujer debe moderar su dieta para evitar el aborto, "del mismo modo hay que emprender el trabajo filosófico con moderación". También hay que unir las semillas. "Los filósofos dicen que una viene de Oriente y la otra de Occidente, y se convierten en una sola; ¿qué significa esto sino combinar en una réplica, una temperatura moderada y un alimento?". "Uno puede preguntarse por qué se habla de la tierra como la nodriza del niño filosófico, ya que la esterilidad y la sequedad son las principales propiedades del elemento tierra". La respuesta es que no se refiere al elemento, sino a toda la Tierra. "Es la nodriza del Cielo, no porque resuelva, lave y humedezca el feto, sino porque coagula, sujeta y colorea a este y lo transforma en savia y sangre... La Tierra contiene un jugo maravilloso que cambia la naturaleza de quien se alimenta de ella, como se cree que Rómulo fue cambiado por la leche de la loba en un individuo belicoso".

BURCKHARDT: "El viento que lleva el germen espiritual en su cuerpo es el aliento vital". El aliento vital es la sustancia del reino entre el cielo y la tierra; "es también el azogue que contiene el germen del oro en estado líquido". La Tierra es "el cuerpo, como realidad interior".

Roger BACON: Bacon menciona que el aire, cuando se satura de ciertas energías cósmicas, puede actuar como vehículo de transformación espiritual y material. En este sentido, el "viento" que lleva la sustancia en su vientre es el aire impregnado de estas energías vitales que permiten la manifestación del espíritu en la materia.

Nicholas Flamel: En sus escritos, Flamel sugiere que el viento representa el movimiento del espíritu a través de los elementos. Este movimiento es necesario para que el principio vital se distribuya y active las propiedades de la materia, permitiendo la transformación alquímica. La tierra, al ser la nodriza, proporciona la estabilidad necesaria para que este proceso ocurra de manera controlada.

Sobre el número 6

Burckhardt: La palabra "talismán" deriva de *Telesma*. Los talismanes funcionan por correspondencia con su prototipo, y hacen una "condensación" en el plano sutil de un estado espiritual. Esto explica la similitud entre el talismán, como portador de una influencia invisible, y el elixir alquímico, como el "fermento" de la transformación metálica.

Agrippa: En "Filosofía Oculta", Agrippa explica que los talismanes son objetos que han sido cargados con influencias astrales o espirituales. Estos talismanes operan por medio de la simpatía, atrayendo energías similares a las que fueron infundidas en ellos. De manera similar, el elixir alquímico actúa como un catalizador que amplifica las propiedades de la materia base, transformándola en algo más puro y elevado.

Cagliostro: Cagliostro utilizaba talismanes y elixires como parte de sus rituales mágicos, creyendo que estos objetos podían canalizar y dirigir las energías cósmicas para obtener ciertos resultados deseados. Para Cagliostro, tanto el talismán como el elixir eran herramientas para manipular las fuerzas invisibles de la naturaleza.

MARSILIO FICINO: Ficino veía los talismanes como medios para captar y concentrar la influencia de los planetas y las estrellas. En su obra, explica cómo estos objetos pueden ser utilizados para mejorar la salud, atraer fortuna o facilitar la comunicación con entidades espirituales. El concepto de *Telesma* en la Tabla Esmeralda se relaciona directamente con esta idea de canalizar y condensar influencias cósmicas en un objeto o sustancia.

Sobre el número 7

Hortulanus: La piedra es perfecta y completa si se convierte en tierra, "es decir, si el alma de la piedra misma se convierte en tierra, es decir, de la piedra, y se fija de manera que toda la sustancia de la piedra se hace una con su nodriza, es decir, la tierra, y toda la piedra se convierte en fermento".

Trithemius: Es la semilla del número 5 la que debe ser arrojada a la tierra.

Bacstrom: "Proceso-Primera destilación".

Burckhardt: "Cuando el Espíritu se 'encarna', lo volátil se fija".

Schumaker: Si la materia prima va a ser utilizada, debe ser fijada en una sustancia "capaz de ser manipulada".

Philalethes: Philalethes, en su tratado sobre la Piedra Filosofal, argumenta que la verdadera transmutación no puede ocurrir hasta que el principio volátil haya sido fijado en una forma estable. Este proceso es comparado con la encarnación del espíritu en la materia, donde el espíritu pierde su volatilidad y se convierte en una sustancia tangible que puede ser trabajada y moldeada.

RAYMOND LULL: Lull expone que la fijación es el punto crucial en la obra alquímica. Hasta que la materia prima no se haya fijado, sigue siendo fluida y susceptible de cambios indeseados. La fijación es, por tanto, el momento en que la materia alcanza su estado más puro y estable, preparado para soportar las transformaciones finales que la llevarán a la perfección.

BASILIO VALENTÍN: Valentín sostiene que la fijación es similar a la "muerte" de la materia, en el sentido de que pierde su forma original y se transforma en algo completamente nuevo. Es en este estado de fijación donde la materia se prepara para recibir el espíritu alquímico y convertirse en la piedra filosofal.

Sobre el número 7a

Hortulanus: "Se separará, es decir, se disolverá, porque la solución es la separación de las partes".

Burckhardt: La separación "significa la 'extracción' del alma del cuerpo".

Schumaker: "Como el principio volátil es el fuego —o a veces, el aire— la estabilidad se produce por su eliminación. O, alternativamente, pero menos probablemente, la tierra es impureza ('lo burdo') y un fuego purificado ('lo sutil') es lo que se busca".

Jean d'Espagnet: D'Espagnet, en su "Obra Secreta de la Filosofía Hermética", explica que la separación es el proceso mediante el cual se extraen los elementos puros de la materia bruta. Este proceso es esencial para eliminar las impurezas y permitir que los elementos más nobles y espirituales emerjan y se manifiesten en su forma más elevada.

Michael Sendivogius: Sendivogius describe la separación como la clave para la purificación. Según él, los elementos más densos y groseros deben ser removidos para que el espíritu interno, o quintaesencia, pueda ser liberado. Este espíritu es lo que da vida a la piedra filosofal, y su liberación es el objetivo final del proceso alquímico.

Thomas Vaughan: Vaughan considera la separación como el acto de purificar el cuerpo para que pueda albergar al espíritu divino. En sus textos, argumenta que la materia debe ser purificada a través del fuego, que es el agente de transformación por excelencia, capaz de elevar lo material a un estado espiritual.

Giordano Bruno: Bruno, en sus trabajos sobre la magia y la alquimia, sugiere que la separación es un acto de despojar la materia de sus ataduras mundanas para que pueda regresar a su forma más pura y elemental. Este proceso es simbólico del viaje espiritual del alma, que debe despojarse de las influencias terrenales para ascender a los reinos superiores.

Sobre el número 8

Albertus Magnus: Al tratar de enseñar las operaciones de la alquimia, Hermes dice que la piedra "asciende al cielo" cuando, por medio del tostado y la calcinación, adquiere las propiedades del fuego; pues los alquimistas entienden por *calcinatio* la reducción de la materia a polvo por medio de la quema y el tostado. Y el material "desciende de nuevo del cielo a la tierra" cuando toma las propiedades de la tierra por inhumación, ya que la inhumación revive y nutre lo que previamente fue matado por la calcinación.

Hortulano: "Y ahora trata de la multiplicación [de la piedra]". "Aunque nuestra piedra se divide en la primera operación en cuatro partes... hay realmente dos partes principales". La ascendente, no fija, y la tierra o fermento. "Es necesario disponer de una gran cantidad de esta parte no fija y dársela a la piedra que se ha hecho completamente limpia de suciedad... hasta que toda la piedra sea llevada arriba por la virtud del espíritu".

"Después es necesario incinerar la misma piedra... con el aceite que se extrajo en la primera operación, cuyo aceite se llama el agua de la piedra". Asar o hervir por sublimación hasta que la "piedra entera descienda... y quede fija y fluida". "Lo que es corporal se hace espiritual por sublimación, y lo que es espiritual se hace corpóreo por descenso".

TRITHEMIUS: "Cuando el ternario ha vuelto por fin a sí mismo, puede, por una disposición interior y un gran deleite, ascender de la tierra al cielo, recibiendo así tanto el poder superior como el inferior; así se hará poderoso y glorioso en la claridad de la Unidad, demostrará su capacidad de hacer surgir todo número, y pondrá en fuga toda oscuridad".

BACSTROM: "La última digestión". "El *Azoth* asciende desde la Tierra, desde el fondo del Vaso, y vuelve a descender en vetas y a caer en la Tierra; y por esta circulación continua, el *Azoth* se sutiliza cada vez más, volatiliza el Sol y lleva consigo los átomos solares volatilizados, y se convierte así en un *Azoth* Solar, es decir, nuestro tercer y genuino Mercurio Sófico". La circulación debe continuar hasta que "cesa por sí misma, y la Tierra la ha absorbido toda, cuando se convierte en la materia negra pétrea, el Sapo [las sustancias en la retorta alquímica y también los elementos inferiores en el cuerpo del hombre -Hall], que denota la putrefacción completa o la Muerte del compuesto".

Leer sugiere que esta sección describe el uso de un *kerotakis*, en el que los metales están suspendidos y sometidos a la acción de los gases liberados por las sustancias calentadas en la base, y por su condensación y circulación.

BURCKHARDT: "La disolución de la conciencia de todas las 'coagulaciones' formales es seguida de la 'cristalización' del Espíritu, de modo que lo activo y lo pasivo están perfectamente unidos".

SCHUMAKER: "Separad la parte volátil de la sustancia por vaporización, pero seguid calentando hasta que el vapor se reúna con el cuerpo matriz, con lo que habréis obtenido la Piedra".

Rosarium PHILOSOPHORUM: En este texto alquímico, se describe cómo la materia prima asciende y desciende en el vaso hermético, en un ciclo continuo que refleja el flujo del Espíritu y la Materia entre el cielo y la tierra. Este proceso es esencial para purificar la materia y preparar el elixir de vida.

ALEXANDER VON SUCHTEN: Von Suchten argumenta que el proceso de sublimación y descenso simboliza la muerte y resurrección, donde la materia debe morir (ser calcinada) antes de ser purificada y resucitada en su forma más elevada. Esta "muerte" es esencial para la reencarnación del espíritu en una forma nueva y perfecta.

SENDIVOGIUS: Sendivogius describe cómo el espíritu contenido en la materia se eleva al cielo durante la calcinación, para luego descender nuevamente con una fuerza renovada, capaz de transformar la materia en la piedra filosofal. Este ciclo de ascensión y descenso es visto como una metáfora del proceso espiritual del alquimista, que debe elevar su conciencia y luego traer esa iluminación de regreso a la materia.

Sobre el número 9

Trithemius: Cuando el ternario ha vuelto a la Unidad limpio de todas las impurezas, "la mente comprende sin contradicción todos los misterios del arcano excelentemente ordenado".

Bacstrom: La materia negra se convierte en Blanca y Roja. El Rojo "llevado a la perfección, medicinalmente y para los Metales", es capaz de sostener la salud mental y física completa, y proporciona "medios amplios, *in finitum* multiplicables, para ser benévolos y caritativos, sin ninguna disminución de nuestros recursos inagotables, por lo que bien puede llamarse la Gloria de todo el Mundo". La contemplación y el estudio de la Piedra Filosofal ("L.P.") eleva la mente hacia Dios. "Los Filósofos dicen con gran verdad que la L.P. encuentra a un hombre bueno o lo hace". "Al vigorizar los órganos de los que el alma se sirve para comunicarse con los objetos exteriores, el alma debe adquirir mayores poderes, no solo para la concepción sino también para la retención". Si rezamos y tenemos fe, "toda la oscuridad debe desaparecer por supuesto".

Burckhardt: "Así, la luz del Espíritu se vuelve constante... [y] la ignorancia, el engaño, la incertidumbre, la duda y la necedad serán eliminados de la conciencia".

HEINRICH KHUNRATH: Khunrath, en su "Amphitheatrum Sapientiae Aeternae", describe cómo el trabajo alquímico lleva al adepto a un estado de iluminación divina. Cuando la Piedra Filosofal es finalmente creada, simboliza la iluminación perfecta, la "Gloria del Mundo", donde todo es claro y comprensible, y la oscuridad y la ignorancia se disipan.

MICHAEL MAIER: Maier también menciona que la piedra perfeccionada, que ha pasado del estado negro al blanco y finalmente al rojo, es capaz de otorgar al alquimista no solo salud y longevidad, sino también una comprensión profunda de los misterios del universo. Esta gloria es la culminación de todo el trabajo alquímico.

JOHANN VALENTIN ANDREAE: En su obra "Las Bodas Químicas de Christian Rosenkreutz", Andreae describe el proceso alquímico como un viaje espiritual que culmina en la creación de la piedra filosofal, la cual otorga al adepto el conocimiento y la gloria que le permiten trascender las limitaciones humanas y alcanzar la unidad con lo divino.

Sobre el número 10

Trithemius: La piedra filosofal es otro nombre para la "cosa única", y es capaz de "conquistar toda cosa sutil y penetrar todo lo sólido". "Esta nobilísima virtud... consiste en la máxima fortaleza, tocando todo con su deseable excelencia".

Bacstrom: "La L.P. posee todos los poderes ocultos en la naturaleza, no para la destrucción, sino para la exaltación y regeneración de la materia en los tres Departamentos de la Naturaleza". "Refunde el oxígeno más sutil en su propia naturaleza incendiaria". El poder aumenta "en una proporción de diez veces en cada multiplicación". Así, puede penetrar en el oro y la plata, y fijar el mercurio, los cristales y los flujos de vidrio.

Burckhardt: "La fijación alquímica es sin embargo más interior... A través de su unión con el espíritu, la propia conciencia corporal se convierte en un poder fino y penetrante". Cita a Jabir: "El cuerpo se convierte en espíritu, y toma... finura, ligereza, extensibilidad, coloración... El espíritu... se convierte en cuerpo y adquiere la resistencia al fuego, la inmovilidad y la duración de este último. De ambos cuerpos nace una sustancia ligera, que... ocupa precisamente una posición intermedia entre los dos extremos".

SCHUMAKER: El producto de la destilación y de la reunión "dominará a las sustancias menos sólidas, pero a causa de su propia sutileza, 'penetrará', y por lo tanto dominará, a otras cosas sólidas menos puras y casi espirituales que ella".

FLAMEL: Flamel describe cómo la Piedra Filosofal, en su estado más perfecto, es capaz de penetrar todas las substancias, transformando metales inferiores en oro puro y perfeccionando cualquier sustancia con la que entre en contacto. Este poder de penetración se debe a su pureza y equilibrio perfecto, alcanzados a través del proceso alquímico.

HERMES TRISMEGISTO: En el "Corpus Hermeticum", Hermes menciona que la verdadera alquimia es la transformación del alma, donde lo burdo y lo sutil se unifican para crear un ser divino. Este ser tiene el poder de penetrar todas las formas de la materia y elevarlas a un estado superior de existencia.

GIOVANNI PICO DELLA MIRANDOLA: Pico, en sus "Conclusiones Cabalísticas y Alquímicas", argumenta que la piedra filosofal es la clave para comprender la unidad de todas las cosas. Su capacidad para penetrar lo sólido y transformar lo sutil refleja la interconexión de todos los aspectos del universo, desde lo más material hasta lo más espiritual.

Sobre el número 11

Burckhardt: "El pequeño mundo es creado según el prototipo del gran mundo", cuando el humano se da cuenta de que su naturaleza original es la imagen de Dios.

Schumaker: "La operación alquímica es un paradigma del proceso creativo. Podemos notar los matices sexuales de lo que ha precedido".

Plotino: En su obra "Enéadas", Plotino sostiene que el alma humana es un reflejo del alma universal, y que el microcosmos (el ser humano) es una copia en miniatura del macrocosmos (el universo). Este concepto se refleja en la alquimia, donde la creación de la Piedra Filosofal es un acto de imitación de la creación divina, uniendo los elementos del microcosmos para reflejar la perfección del macrocosmos.

Paracelso: Paracelso creía que el cuerpo humano, como microcosmos, contenía todas las sustancias y poderes del universo en miniatura. La alquimia, por tanto, no solo es la ciencia de transformar metales, sino también de transformar el cuerpo y el espíritu humano, reflejando la obra divina en un plano menor.

JACOB BOEHME: Boehme expone que el proceso alquímico es un reflejo de la creación del universo, donde el Espíritu de Dios se manifestó en la materia para crear el mundo. El alquimista, al imitar este proceso, se convierte en un co-creador, capaz de participar en la obra divina.

RUDOLF STEINER: Steiner, en su enfoque antroposófico, sostiene que la alquimia es una representación simbólica del proceso de evolución humana, donde cada individuo es un microcosmos que debe ser purificado y transformado para reflejar la perfección del macrocosmos. Este proceso es esencialmente espiritual y está destinado a realizar la divinidad inherente en cada ser humano.

Sobre el número 12

Burckhardt: "En el texto árabe esto es: 'Este camino es recorrido por los sabios'".

Agrippa: Agrippa en su "De Occulta Philosophia" menciona que el camino del alquimista es el camino de los iniciados, quienes a través del conocimiento secreto y la práctica alquímica, logran la transformación del alma y el cuerpo. Este camino es accesible solo para aquellos que han sido iniciados en los misterios herméticos.

Dion Fortune: Fortune, en su obra "The Mystical Qabalah", explica que el camino alquímico es paralelo al Árbol de la Vida en la Cábala, donde cada sefirá representa un estado de conciencia que debe ser alcanzado y purificado. Los sabios que recorren este camino son aquellos que buscan la unión con lo divino a través de la transmutación interna.

Gurdjieff: Gurdjieff, en su enseñanza del Cuarto Camino, expone que la alquimia es un proceso de despertar y transformación de la conciencia. El camino del alquimista es un camino de autoconocimiento y purificación, donde el individuo debe trabajar sobre sí mismo para lograr un estado de ser superior, accediendo a los niveles más altos de la sabiduría esotérica.

NICHOLAS FLAMEL: Flamel sugiere que solo aquellos que poseen el verdadero conocimiento alquímico, transmitido a través de los textos herméticos y la tradición oral, son capaces de recorrer este camino y descubrir los secretos de la Piedra Filosofal.

Sobre el número 13

Hortulanus: "Aquí enseña de manera oculta las cosas de las que está hecha la piedra". "La piedra se llama perfecta porque tiene en sí la naturaleza de los minerales, de las verduras y de los animales. Porque la piedra es tres y una, triple y única, teniendo cuatro naturalezas y tres colores, a saber, negro, blanco y rojo. También se llama grano de maíz porque, a menos que haya muerto, permanece solo. Y si ha muerto, da mucho fruto cuando está en conjunción."

Newton: "A causa de este arte, Mercurius es llamado tres veces más grande, teniendo tres partes de la filosofía de todo el mundo, ya que significa el Mercurio de los filósofos, y tiene dominio en el reino mineral, el reino vegetal y el reino animal".

Bacstrom: La sabiduría del mundo se oculta en "Chiram y su uso". Hermes "significa una Serpiente, y la Serpiente solía ser un Emblema del Conocimiento o la Sabiduría".

Burckhardt: "Las tres partes de la sabiduría corresponden a las tres grandes divisiones del universo, a saber, los reinos espiritual, psíquico y corpóreo, cuyos símbolos son el cielo, el aire y la tierra".

SCHUMAKER: "La explicación habitual de Trismegisto es que Hermes fue el mayor filósofo, el mayor sacerdote y el mayor rey".

MANLY P. HALL: En "The Secret Teachings of All Ages", Hall explica que Hermes Trismegisto es visto como el maestro de los tres mundos: el espiritual, el mental y el físico. Su triple grandeza refleja su dominio sobre los misterios del universo y su capacidad para unir los tres planos de existencia en una comprensión unificada de la realidad.

ALEISTER CROWLEY: Crowley menciona que Hermes Trismegisto representa el ideal del Adepto que ha alcanzado la maestría en la magia, la alquimia y la filosofía. Su triple grandeza es una alegoría de su habilidad para operar en todos los niveles de la existencia, desde lo más bajo hasta lo más alto, y transformar la realidad a través de su conocimiento y poder.

FRANZ BARDON: Bardon, en su obra "Iniciación al Hermetismo", sugiere que las tres partes de la sabiduría de Hermes Trismegisto están relacionadas con el control sobre los tres elementos básicos de la magia: la mente, el cuerpo y el espíritu. El dominio de estos tres aspectos permite al mago o alquimista alcanzar la iluminación y el poder absoluto.

GRACIAS POR COMPRAR
ESTE LIBRO.
DESCUBRE MÁS EN
NUESTRA WEB: